FAKTuell -Verlag
Wir machen´s einfach!

Wichtig:
Verdampfen und Inhalieren
Sie grundsätzlich nichts,
was nicht ausdrücklich zugelassen ist.
Fragen Sie stets bei Zweifeln Ihren Arzt
oder Apotheker.

*In diesem Buch beschriebene Experimente
mit Minzölen, Aromen etc.
sind Experimente, keine Empfehlungen.*

Neugier kann Ihre Gesundheit gefährden.
Christopher Ray

AF223070

Wissen hat keinen finalen Aspekt!

FAKTuell -Verlag

Wir machen´s einfach!

FAKTuell -Verlag

Wir machen´s einfach!

Monika Berger-Lenz (Hrsg.)
Christopher Ray

Mit Volldampf Nichtraucher
Tabakfrei in 48 Stunden

Elektrisch geht's!

2. Auflage

Sachbuch © 2010
Reihe: faktor-L
FAKTuell-Verlag
BoD-Edition

Herausgeber
Monika Berger-Lenz

Legende

„Natürlich kann man aufhören zu rauchen – es gab Tage, da habe ich das schon fünfmal geschafft", ist einer der Sprüche, denen man in einer fünfzigjährigen Tabak-Raucher-Kariere immer wieder begegnet. Dass das auch irgendwann tatsächlich funktioniert, endgültig, der Beweis wird in diesem Buch erbracht. Elektrisch geht's!

Vorstellung

Der Journalist und Autor Christopher Ray zeichnet zusammen mit der Journalistin und Politikwissenschaftlerin Monika Berger-Lenz seit vielen Jahren für die älteste Onlinezeitung Deutschlands, FAKTuell.de, verantwortlich.

Seit 1999 haben sie sich zudem mit der faktor-L-Reihe einen Namen als Sachbuchautoren gemacht. Die Reihe steht unter dem Motto: „Wissen hat keinen finalen Aspekt."

FAKTuell ® Redaktion & Verlag
Monika Lenz
An den Birken 5
D-02827 Görlitz

∗∗∗

www.FAKTuell.de

∗∗∗

Lektorat: Anne Schlesinger
Umschlag & Layout: Claudia von Hausen * GOpress.de

∗∗∗

Herstellung und Verlag dieser Ausgabe:
Books on Demand GmbH * Norderstedt

∗∗∗

∗∗∗

ISBN: 978-3842319264

Prolog
Ein paar Worte vorab

Wenn Sie dieses Buch in der Hand halten, diesen Prolog lesen, dann ist die Chance groß, dass ich mit der Vermutung richtig liege: Sie wollen mit dem Tabak-Rauchen aufhören. Oder, was eine erweiterte Interpretation des sogenannten *Freien Willens* wäre: Es gibt jemand, der Ihnen mit diesem Buch dabei helfen will.

Wie auch immer, noch nie war Ihre Chance so groß, es praktisch umgehend zu schaffen. Schließlich ist es mir nach mehr als fünfzig Jahren Raucherkarriere innerhalb von knapp achtundvierzig Stunden gelungen. Und nur aus einem Grund. Neugier.

Wenn Sie mich, beziehungsweise meine Bücher, kennen, dann wissen Sie, dass es nichts mit gesundheitlichen Gründen zu tun hatte, dass ich vom Tabak abgekommen bin. Professor Hans-Ulrich Niemitz hat das in unserem Buch *faktor-L Neue Medizin* auf den Punkt gebracht: „Rauchen macht schlechten Atem – aber keinen Krebs!"

Das wollen wir jetzt nicht vertiefen, denn das soll ein schmales Buch werden. Sie wollen ja *nur* mit dem Tabak-Rauchen aufhören und nicht die Welt verändern.

Wenn das funktioniert hat, können Sie sich, bei Interesse, unsere anderen Bücher und weitere Ziele vornehmen.

Bei mir war es tatsächlich Neugier, die mich zum Ausstieg bewogen hat. Selbst der Preis von Zigaretten spielte kaum eine Rolle. In Görlitz, wo ich seit mehr als zehn Jahren lebe, muss man nur über eine der Brücken gehen, um anschließend ganz legal in Polen die Zigaretten für weniger als fünfzig Prozent unseres Preises einzukaufen. Das hält die finanzielle Schmerzgrenze relativ hoch.

Wer ganz und gar den Schritt in die Illegalität nicht scheut und keine hohen Qualitätsansprüche stellt bekommt an der Grenze auch manchmal ukrainische Zigaretten für zehn bis fünfzehn Euro pro Stange angeboten.

Geschmacklich haben die allerdings weniger mit dem zu tun, was der einigermaßen verwöhnte deutsche Raucher aus dem Alltag kennt. Was immer dort in den Zigaretten verarbeitet und dann verbrannt wird lässt die abenteuerlichsten Mutmaßungen zu. Nur selten tippen erfahrene West-Raucher dabei auf Tabak. West meine ich dabei geographisch, nicht markenspezifisch.

Als gestandener Raucher (Unisex) halten wir aber auch das aus. Denn wer hat in der vermeintlichen Not nicht schon zu jeder angebotenen Zigarette gegriffen, wenn seine Stamm-Marke ausgegangen war. Aus welchen Gründen auch immer.

Denn immerhin sind wir süchtig. Abhängig. Vom Rauchen. Ob vom Teer und den anderen Verbrennungsschadstoffen oder *nur* vom Nikotin oder dem Nuckeln an der Zigarette lassen wir mal unbeantwortet. Während unserer Raucherkarriere hat uns das auch nur selten beschäftigt. Oder?

Es geht uns ja nur darum, erfolgreich auszusteigen, nicht um die originellsten Ausreden und Rechtfertigungen, weshalb wir das in der Vergangenheit nicht getan haben.

So, Sie sind am Zug…

Christopher Ray   * Görlitz * 25. Juni 2010

Der Test

- Elektrisch – geht das?

Anna, eine unserer Redakteurinnen, und natürlich Raucherin, hatte irgendwo Werbung für E-Zigaretten gesehen. „Sollte man mal probieren", sagte sie vor ein paar Monaten zu mir.

Anna lebt in Frankfurt am Main und zahlt in der Regel die hohen Standardpreise für Zigaretten. Und bei gut sechshundert Kilometer Anfahrt lohnt sich der Einkauf in Polen nicht wirklich. Zumal die Spritpreise ähnlich unverschämt gestiegen sind.

Gut. Ich versprach Anna, mich um ein Test-Set zu kümmern. Bis ich die richtigen Lieferanten gefunden hatte dauerte es dann ein paar Wochen. Zuverlässig, schnell und freundlich sollten sie sein.

Wenn ich mir Kontakte aussuchen kann ist „freundlich" ein wesentliches Kriterium. Im Journalisten-Alltag, von Politik bis Wissenschaft, kann man zumeist nicht so wählerisch sein. Bei Produkttests gibt es diese Einschränkungen nicht. Da suche ich mir den angenehmsten Anbieter aus. Dass ich dabei richtig gelegen hab, zeigt sich im FAKTuell-Artikel vom 15. Juni 2010, den ich Ihnen nicht vorenthalten will.

Rauchen? Elektrisch geht's!

Wenn man einige Jahrzehnte seinen Zigarettenkonsum auf 80 bis 120 (täglich!) stabilisiert hat, beschäftigt man sich automatisch mit dem Thema aufhören. Zumindest reduzieren. Und das muss noch nicht einmal gesundheitliche Gründe haben. Insbesondere nicht, wenn man mit Professor Niemitz befreundet ist, der schon vor Jahren in einem Gutachten festgestellt hat: „Rauchen macht schlechten Atem - aber keinen Krebs!"

Wirtschaftlich ist das für viele Raucher schon zwingender. Bei rund 25 Cent pro Zigarette kann das schon Thema sein. Wer täglich ein Päckchen raucht, steht schon mit 1.800 Euro jährlich im Soll. Es gibt Menschen, die damit einen 14-tägigen Familienurlaub finanzieren. Bei einem Extremraucher, der gut 100 Zigaretten täglich verqualmt, sind das gleich 9.000 Euro im Jahr. Gut, hier an der polnischen Grenze sind es „nur" 4.000. Euro im Jahr. Noch. Aber das will in diesen Zeiten auch verdient sein.

Also haben wir, unsere Redakteurin Anna de Gouvernator und ich, getestet, ob die E-Zigarette, die stark im Gespräch ist, uns als Raucher weiterbringt. „Schmecken" sollte sie, was für Nichtraucher schon ein kaum nachvollziehbarer Anspruch ist, und natürlich finanziell tragbar sein. Anna raucht zwischen zehn und 20 Zigaretten täglich. Meist im Auto, und wenn sie am

PC ihre Artikel und Bücher schreibt. Bei mir sind es gut 80. Aber ich sitze auch bis zu 20 Stunden am Computer...

Dann haben wir uns umgesehen und ein paar Anbieter von E-Zigaretten getestet. Die Preise geben sich nicht viel, also ging es uns in erster Linie um den Service. Schnelle Lieferung war ein Hauptkriterium. Schließlich wollten wir unseren Test ohne Pause durchziehen, dabei aber auch nur wirklich notwendige Vorräte einkaufen.

Hier haben uns Original und Abstrakt sehr gut gefallen. Außerdem hat Smooth-e kurze Lieferfristen versprochen und gehalten. „Maximal 48 Stunden, aber mit 75 Prozent Sicherheit innerhalb von einem Tag", versprach uns Damian Biecuszek am Telefon. Tatsächlich erhielten wir alle Bestellungen, die wir bis 14:00 Uhr tätigten, am nächsten Vormittag ausgeliefert. Und das ist absolut nicht überall üblich.

Anna hat sich für die fertig gefüllten Vanille- und Minze-Depots entschieden. Die Depots sehen aus wie Filter und lassen pro Filter mehr als 125 Züge zu. Mit beliebig langen Rauchpausen. Das entspricht zehn bis zwölf Zigaretten. Für den Preis einer Zigarettenschachtel erhält man fünf Depots. Man zahlt also etwa fünf Euro für die Gegenleistung von etwa 60 Zigaretten.

Noch billiger wird es, wenn man die Depots selbst füllt. Dafür gibt es kleine Fläschchen, für 80 bis 100 Füllungen, für rund 14 Euro. Nach wenigen Tagen entwickelt man hinreichend Routine, um die Depots in wenigen Sekunden aufzufüllen.

Rauchen muss man praktisch neu lernen, denn hier brennt und verbrennt nichts. Im langen „Tabakteil" befindet sich ein aufladbarer Akku, der den Strom für den Zerstäuber liefert. Im Prinzip hat man das Gefühl, das manche von einer Wasserpfeife kennen. Der erzeugte Dampf wird inhaliert und enthält je nach persönlicher Wahl mehr oder weniger Nikotin. Also kann man, wenn man will, ohne die teuren Nikotinpflaster aussteigen.

Man zieht länger und langsamer an der E-Zigarette. Aber das ist Gewohnheitssache. Genau wie die Ladezeiten der Akkus. Als Extrem-Raucher sollte man schon mindestens drei oder vier Akkus vorrätig haben. Dabei hilft, dass die Ladegeräte alle über einen USB-Anschluss verfügen, also auch an jedem PC aufzuladen sind.

Nach gut vier Wochen haben wir uns voll auf die E-Zigarette umgestellt. Selbst als Extremraucher, der jetzt zehn bis zwölf Depots täglich vaporisiert, habe ich kein Verlangen mehr danach, Tabak zu verbrennen. Und ganz sicher nicht in geschlossenen Räumen...

Fazit: Der Umstieg rechnet sich auch wirtschaftlich. Zusatzvorteil: Keiner riecht mehr unseren „Raucherstatus". Weder in den Kleidern, noch in den Redaktionsräumen. Und: Nach 50 Tabakjahren bin ich ohne Entzugserscheinungen umgestiegen. Und wer noch immer an die Schulmedizin glaubt, der kann sich nach dem Umstieg auch darüber freuen, deutlich gesünder zu rauchen.
Zitat - Ende

Danach gab es keine Ruhe mehr. Mails, Briefe und Anrufe. Jeder wollte genau wissen, wie wir das gemacht haben. Dass wir es getan hatten, erfolgreich, langte den Lesern nicht. Deshalb gibt es nun dieses kleine Buch mit den Hintergründen und Tipps. Damit auch Sie erfolgreich um- und aussteigen können.

Hinweis: Sachbücher werden deutlich wertvoller, wenn Sie sich Notizen machen. Natürlich im Buch. So wird es Ihr Buch. Wir bieten diesen Raum grundsätzlich in all unseren Sachbüchern an.

Jetzt wäre es bestimmt nicht falsch, wenn Sie Ihre Ziele und Erwartungen an dieser Stelle festhalten würden. So haben Sie immer eine fundierte Erfolgskontrolle.

-Notiz-

Starter-Set

- Das brauchen Sie
- Nach dem Umstieg

Wenn Geld kaum eine oder gar keine Rolle spielt, dann können Sie natürlich sofort alle Extras einkaufen, die Ihren Spaß am Umstieg vom Qualmer zum Dampfer noch steigern.

Sollten Sie allerdings vernünftig sein, weshalb auch immer, dann lassen Sie es langsam angehen. Dann tut das Umfallen finanziell nicht so weh. Und nach meiner bisherigen Erfahrung liegt die Rückfallquote bei etwa sechs bis sieben Prozent.

Dabei ist Bequemlichkeit der Hauptfaktor. Zumindest wird er am häufigsten genannt.

„Obwohl es deutlich schneller geht, hat es etwas vom Charme und Aufwand des Zigarettendrehens", hat mir ein Leser als Begründung geschrieben. Das war ihm offenbar zu anstrengend...

Sollten Sie zu diesem Typus potentieller Umsteiger gehören, finden Sie die Lösung dieses speziellen Bequemlichkeitsproblems auf Seite 51 ff.

Das Starter-Set

Im Set enthalten:
2 Leistungsfähige Lithium-Ionen-Akkus * 1 Verdampfer
* 5 Depots in verschiedenen Stärken (ca. 50-70
Zigaretten) damit Sie einen Einblick bekommen und
sich Ihre Wunschstärke aussuchen können

220V Ladegerät mit USB Adapter + USB-Ladekabel

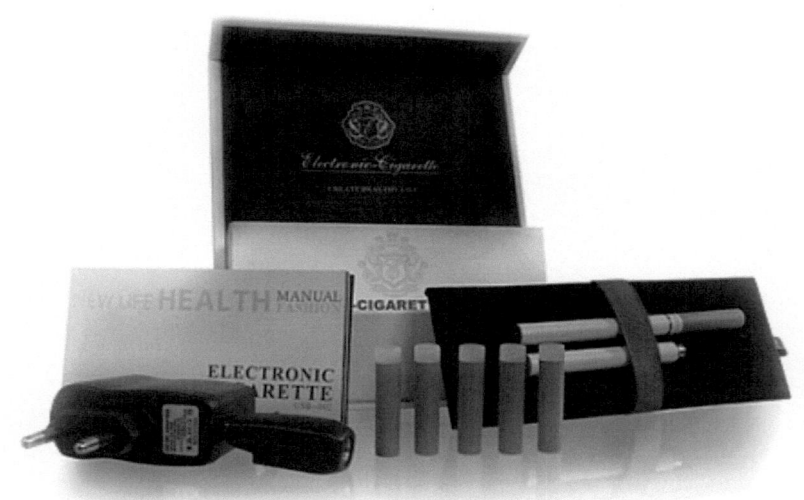

So sieht die geöffnete Box aus. Die Depots sind Zigarettenfiltern nachempfunden. Aus der üblichen Face-to-Face Entfernung wirkt die E-Zigarette wie eine normale Tabakzigarette. Natürlich ist sie deutlich schwerer und behält ihre ursprüngliche Länge. Was den Betrachter erstaunt, wenn er erstmals mit einem E-Raucher konfrontiert wird.

Viel früher fällt jedoch auf, dass der Dampf nicht nach dem üblichen Zigarettenrauch stinkt. Allenfalls Minze und Vanille nimmt man als leichten Hintergrundgeruch im Raum wahr, sofern das Liquid eben Minze oder Vanille enthält. Dabei ist es sehr unaufdringlich, wie mir immer wieder bestätigt wird. Ein normales Liquid ohne zusätzlichen Geschmack riecht nach gar nichts.

Die E-Zigarette braucht nicht nur keinen Aschenbecher, sie ist auch jederzeit einsatzbereit. Mit gefülltem Depot genügt ein Zug, um den Dampf zu inhalieren. Dann können Sie die E-Zigarette beruhigt überall ablegen oder in die Hosentasche stecken, bis Ihnen wieder nach Rauchen ist.

Gut hundertzwanzig bis hundertfünfzig Züge pro Depot sind möglich. Das entspricht etwa zehn bis fünfzehn Tabak-Zigaretten. Wie hoch der Anteil an Nikotin pro Depot ist, bestimmen Sie selbst. Von stark über medium bis hin zu null Prozent ist alles möglich.

Also haben Sie stets die Option nur umzusteigen oder sich das Nikotin total abzugewöhnen. Weshalb das so interessant ist, erzähle ich Ihnen in einem anderen Kapitel, in dem es um das „gesunde" Inhalieren geht.

Zurück zum Starter-Set. Holen Sie sich zu den beiden Akkus und Verdampfern gleich noch ein Leerdepot mit fünf Einzeldepots, die Sie selbst nachfüllen können.

Dazu natürlich ein Liquid-Fläschchen, um nicht plötzlich auf dem Trockenen zu sitzen. Anfangs mit Nikotin, später, bei Bedarf, auch ohne. Das ist von Ihrem ganz persönlichen Ziel abhängig. Weg vom Tabakdreck oder auch fort vom Nikotin.

Als routinierter Raucher kennen Sie das sicher. Je weniger Zigaretten man im Haus hat, desto stärker wird das Verlangen. Sucht treibt. Insbesondere, wenn sie weniger körperlich als psychisch ausgerichtet ist. Hier streiten die Experten, was beim Rauchen generell oder überwiegend zutrifft. Vor einigen Jahrzehnten hat die Werbung das sehr schön aufgegriffen, was dann mit uns Rauchern passiert, wenn unser Vorrat aufgebraucht ist. Sie erinnern sich: Da gehen wir Kamele meilenweit…

Während der Umstellung von Rauch auf Dampf bedeutet das bei den meisten Betroffenen: Wir werden rückfällig und greifen zu allem, was einer Zigarette nahe kommt.

Deshalb haben Anna und ich grundsätzlich einen Monatsvorrat an Depots und Fläschchen im Haus. Schließlich haben wir unserer Sucht nicht abgeschworen, sondern sie auf eine gesündere und deutlich preiswertere Basis gestellt.

-Notiz-

Nur 48 Stunden

- Der kurze Weg zum Nichtraucher
- Und plötzlich wieder Geschmack

Fangen Sie erst mit der Umstellung an, wenn Sie mindestens zwei komplett aufgeladene Akkus haben. Damit nehmen Sie sich sowohl den Raum für Ausreden, als auch die gefühlte Notwendigkeit, auf Tabak zurückzugreifen.

Es dauert maximal 48 Stunden bis Sie bei einem Rückfall den Unterschied deutlich spüren. Die Tabak-Zigarette stinkt, auch für uns Raucher, wahrnehmbar, und der Rauch schmeckt widerlich.

Durch unsere Rauchgewohnheiten ist uns das in der Vergangenheit nicht oder nur ganz am Rande aufgefallen. Nach maximal 48 Stunden Dampfen statt Rauchen wird es auch für uns unübersehbar. Tabak stinkt, schmeckt scheußlich und verdirbt den Geschmack.

Schon der erste Kaffee am zweiten Dampftag hat einen Geschmack, den wir so intensiv während unserer Tabak-Karriere nicht mehr wahrgenommen haben.

Und die Lebensmittel. Unglaublich, was der Tabak unseren Geschmacksknospen angetan hat. Wie ein

Steak oder ein Apfel für einen Nichtraucher schmecken, haben wir schon längst vergessen. Jetzt erschließt sich dieser Genuss auch uns wieder. Ein enormer Qualitätsgewinn. Obwohl wir weder auf Nikotin noch auf das Inhalieren verzichten. Nur auf das Verbrennen von Tabak.

Mit dem vom Tabakqualm reduzierten Geruchssinn dauert es etwas länger. Fast vier Wochen hat es gedauert bis ich den typischen Duft von unseren Blumen wieder richtig wahrgenommen habe. Auch der unterschiedliche Geruch unserer Katzen war und ist ein echtes Erlebnis.

Man kann tatsächlich am Geruch des Fells erkennen, in welchem Bereich sie unterwegs gewesen sind. Die Erdbeer-Ecke hinterlässt einen völlig anderen Geruch, als Blumen oder Kräuter.

Nach fünfzig Raucherjahren war das eine echte Überraschung. Auch, wie schnell sich diese Fähigkeit wieder regeneriert hat. Dass auch Menschen ihren ganz persönlichen Geruch haben, und damit meine ich nicht den Tabak-Gestank oder Parfüm-Wolken, werden Sie auch wieder lernen. Er ist weit subtiler und persönlicher, als Raucher das in Erinnerung haben.

Der Wechsel von Rauch zu Dampf bringt uns einen Gewinn an Sinneseindrücken. Aber nicht nur das. Wer als Raucher in der Vergangenheit vom morgendlichen Abhusten der Rückstände in seinen Atemwegen gequält wurde, der kann sich auf eine schnelle und nachhaltige Verbesserung freuen.

Von vierundsiebzig befragten Umsteigern, kam durchweg die Meldung, dass sich innerhalb von zehn Tagen der Abhustreiz erheblich verringert hat. Nach knapp drei Wochen ist er bei zweiundsechzig Umsteigern total verschwunden. Die restlichen zwölf Teilnehmer berichten von einem morgendlichen Reizhusten, der allerdings keinen Auswurf mehr generiert.

Werner K. berichtet: „Es scheint so, als hätte der Körper sich in den letzten Jahren, ich rauche seit dreiundzwanzig Jahren, an dieses Ritual des Abhustens gewöhnt. Der Reiz ist da, allerdings ohne physischen Grund. Und nicht annähernd so zwingend und krampfhaft, wie das zu meinen Raucherzeiten üblich war. Es gibt nichts abzuhusten, außer der zwanghaften Gewohnheit der letzten Jahrzehnte. "

Nach zehn Wochen wird uns von allen Teilnehmern an der Umstellung von Rauch auf Dampf bestätigt, dass auch dieser Reflex verschwunden ist. Und was ebenfalls erfreulich ist, aus dieser Gruppe ist keiner rückfällig geworden.

Nach einem Vierteljahr sind von den sechsundsiebzig Teilnehmern (mit Anna und mir) immerhin zwölf auf Dampfen ohne Nikotin umgestiegen. Sechsundvierzig nehmen nur noch die Liquides und Depots mit geringem Nikotinanteil. Der Rest, dazu gehöre ich, nimmt noch immer die hohen Dosen Nikotin zu sich. Wir sind allesamt „Dampfer", die mehr als zwanzig Jahre geraucht haben.

Allerdings haben auch die meisten ehemaligen Extrem-Raucher, nach anfänglichen Fehlern, auf die ich noch zurückkomme, die Quantität erheblich eingeschränkt. Es wird also deutlich weniger „gedampft" und damit auch weniger Nikotin zu sich genommen. Ohne irgendwelche Entzugserscheinungen, wie alle „Dampfer" feststellen.

Dampfen geht anders

- Das Qualmen neu lernen
- Vorsicht – Gewohnheit

Mit der ersten E-Zigarette müssen Sie das Qualmen neu lernen. Dampfen ist anders als Rauchen. Es ist nicht nur gesünder, angenehmer für Ihre Mitmenschen, und sauberer, sondern rundum anders. Das beginnt bei der Haltung, setzt sich beim „Ziehen" fort und erfordert neue Ablagegewohnheiten.

Erst innerhalb der ersten Tage nach dem Umstieg fällt uns so richtig auf, was wir auch als Raucher an Gewohnheiten entwickelt haben. Jeder berichtet von der Comic-Situation, automatisch nach dem Feuerzeug gegriffen zu haben. Das beginnt dann, wenn man das „Dampfen" schon so selbstverständlich verinnerlicht hat wie all die Jahre vorher das Rauchen.

Sobald wir den Umstieg auch psychisch vorgenommen haben, das Dampfen also wieder als Rauchen akzeptiert haben, kommen die alten Reflexe zurück. Wir wollen die E-Zigarette automatisch anzünden, Asche abklopfen oder im Aschenbecher ausdrücken. Nach unserer Erfahrung häuft sich das nach einer Woche und hält etwa drei Tage an. Verschwindet dieses Phänomen, dann ist der Umstieg tatsächlich gelungen. Unsere Reflexe haben sich dem neuen Medium angepasst.

Anfangs müssen Sie sich darauf konzentrieren, die E-Zigarette am vorderen Drittel des Akkus zu halten, um die für Sie richtige Balance herauszufinden und zu üben. Die Spitze gehört immer nach unten. Meist pendelt sich die Haltung bei etwa siebzig Grad von den Lippen aus gesehen ein. So kann die Flüssigkeit leichter Kontakt mit dem Verdampfer aufnehmen. Das „Ver-Dampfen" erfolgt dann praktisch automatisch.

Auch der Zug an der E-Zigarette unterscheidet sich vom Tabakrauchen. Sie ziehen langsamer, gleichmäßiger und länger. Das bedarf mehr Übung, als man sich als Raucher vorstellt.

Es dauert seine Zeit, bis man automatisch richtig zieht und eine entsprechende Menge Dampf inhaliert. Das Phänomen entspricht dem, wenn Sie Jahre barfuß oder mit sehr flachen Schuhen gelaufen sind und plötzlich auf Cowboystiefel mit einem Fünf-Zentimeter-Absatz umsteigen. Oder, als Frau, auf Pumps mit hohen Absätzen. Auch da werden Sie den (Um-)Gang erst üben müssen.

Aber: Keine Angst, das gibt sich ganz schnell. Alle Umsteiger bestätigen, dass sie nur wenige Tage benötigten, bis ihre Reflexe sich der neuen Anforderung angepasst hatten.

-Notiz-

Tipps für Neu-Dampfer

- Die Handhabung
- Wieviel ist genug

Sie haben Ihre Grundausstattung erhalten und wissen nicht, wie Sie mit Ihrer E-Zigarette umgehen sollen. Das ist weder peinlich noch eine Ausnahme. Vor diesem Problem standen wir alle am Anfang. Auch wenn sich manch einer geniert, das zuzugeben.

Natürlich haben Sie jedes Recht, das Rad neu zu erfinden, aber nicht die Pflicht. Wir zeigen Ihnen die wichtigsten Tipps, damit Sie problemlos umsteigen können.

Akku – Zerstäuber - Depot

Das ist Ihre Standardausrüstung. Das Dampfen funktioniert nur, wenn dieses Set betriebsbereit ist. Im Klartext: Der Akku muss geladen sein, der Zerstäuber funktionsfähig und das Depot gefüllt.

Sie schrauben den Zerstäuber auf den Akku, und stecken dann das Depot auf den Zerstäuber. Wie Sie das Depot auffüllen können zeige ich Ihnen etwas später. Im Moment gehen wir davon aus, dass Sie Ihre erste komplette E-Zigarette gerade brandneu und betriebsbereit geliefert bekommen haben. Nur zusammenstecken müssen Sie das Set noch.

Das haben Sie jetzt erfolgreich getan, behaupte ich einmal. Jetzt halten Sie Ihre E-Zigarette etwa im siebzig Grad Winkel (nach unten) an Ihre Lippen und ziehen nachhaltig am Depot, das optisch einem Filter nachempfunden wurde.

Wenn Sie alles richtig gemacht haben, sollten jetzt zwei Dinge passieren: Die Leuchtdiode an der Akku-Spitze simuliert Glut und leuchtet rot auf während Sie an der Zigarette ziehen. Ihr erster Zug generiert Dampf, der wie der Tabakrauch inhaliert wird. Im Klartext: Sie dampfen Ihre erste E-Zigarette.

Es funktioniert nicht? Es kommt kein Dampf, obwohl die LED rot leuchtet? Kenne ich. Ich verrate Ihnen auch gern, woran das liegt. Ein ordentlicher Lieferant wird nie ein volles Depot auf einen neuen Verdampfer setzen. Bis der von der Produktion zum Kunden kommt könnte der Depotinhalt sich nämlich längst verflüchtigt haben. Also ist Ihr vermeintliches Depot nur eine Schutzhülle ohne Inhalt.

Wie ein richtiges Depot innen aussieht, zeige ich Ihnen etwas später. Auch, wie Sie es sicher beim Nachfüllen handhaben. Da gibt es bei einigen Herstellern Tipps von der Junkie-Spritze bis zur Büroklammer. Alles Dinge, mit denen Sie sich in Ihrer Alltagsumgebung problemlos verdächtig oder lächerlich machen können. Wenn Sie diese Art von Aufmerksamkeit vermeiden wollen zeige ich Ihnen später den eleganten Ausweg.

So, jetzt puhlen Sie bitte ein frisches Depot aus seiner Kunststoffhülle und beginnen nochmals von vorne. Siebzig Grad Haltung. Ziehen. Langsam aber intensiv. Jetzt dampft es. Gratuliere. Sie sind ab sofort ein echter aktiver E-Dampfer.

Moment bitte. Natürlich schmeckt es anders als der Rauch Ihrer gewohnten Tabak-Marke. Aber das tut es auch, wenn Sie auf eine andere Zigarettenmarke umsteigen. Das kennen wir Raucher doch. Gut, hier fehlen Ihnen vielleicht auch der Teer und die tausend anderen Schadstoffe, an die Sie sich beim Tabakverbrennen so gewöhnt haben. Und der Gestank von der Verbrennung organischen Materials.

Für den Übergang hilft hier das Verbrennen von Blättern und Zweigen über einer offenen Kerzenflamme. Stinkt ähnlich und macht viel Qualm, insbesondere wenn sie etwas feucht sind.

Wenn Ihr Partner später nach Hause kommt, Sie strafend ansieht und mit einem „Du hast wieder in der Wohnung geraucht" begrüßt, dann wissen Sie, dass Ihre Laubaktion erfolgreich war. Das ist aber auch der Moment, wo Sie stolz Ihre neue E-Zigarette vorführen können: „Kein Rauch, kein Dreck, und stinkt nicht! Und kostet weniger als ein Viertel von dem, was ich bisher verqualmt habe!" Ob Sie ein herzliches „Schatz" oder „Liebling" hinzufügen, entscheiden Sie situativ.

Ihr denkbares: „Ach, das hältst Du doch nicht durch!", sollte für Sie nur Ansporn sein, keine Ausrede. Spätestens morgen haben Sie sich so an das Dampfen gewöhnt, dass Rauchen für Sie nicht mehr zur Diskussion steht. Und dann haben Sie das nächste Problem.

Nein, nicht der Reichtum, den Sie jetzt mit jeder nicht gekauften Tabakzigarette ansammeln. Bei Extremrauchern wie mir, mit achtzig Tageszigaretten, kommt da wirklich ein kleines Vermögen zusammen. Das Problem ist ein anderes. Sie müssen jetzt lernen, mit dem Dampfen aufzuhören, ohne dass die E-Zigarette Sie dazu zwingt.

Im Klartext: Die Tabakzigarette hat Ihnen klare Grenzen gesetzt. Mit jedem Zug wurde sie kürzer. Bevor Sie den Filter mitgeraucht haben, wurde die Kippe entsorgt.

Ihre E-Zigarette verbraucht sich nicht. Es fehlt Ihnen also das Signal, an das Sie von der Tabakzigarette gewöhnt sind: Schmeckt widerlich (Filter), oder Finger verbrannt (z.B. Roth-Händle).

Gut. Nach gefühlten zehn bis fünfzehn Zigaretten ist das Depot leer. Aber das ist deutlich mehr, als die meisten Menschen am Tag an Tabakzigaretten verqualmen.

Das alleine wird sie nicht vor dem möglichen Dauer-Dampfen schützen. Da müssen Sie sich tatsächlich selbst disziplinieren. Sonst legen Sie Ihre Dampfmaschine nicht mehr ab. Es ist einfach zu bequem, schmeckt und erzeugt nicht die Nebenwirkungen von Tabakzigaretten.

Auch der pikante Geruch nach kaltem Zigarettenrauch und der warnende Anblick von überlaufenden Aschenbechern stehen weder im Raum noch auf dem Schreibtisch. Dabei vermissen Sie nicht einen Zug an Ihrer Tabakzigarette. Allenfalls den Dreck und Gestank, der Sie während Ihrer Raucherkarriere wie ein treuer Schäferhund begleitet hat.

-Notiz-

Mehr Tipps für Neu-Dampfer

- Das Material

Ideal ist das aufladbare Etui. Der E-Vaporizer mit der Ladestelle für Ihren Akku (rechts im Etui). Wenn Sie unterwegs sind, können Sie damit den Akku Ihrer E-Zigarette bis zu fünfmal aufladen.

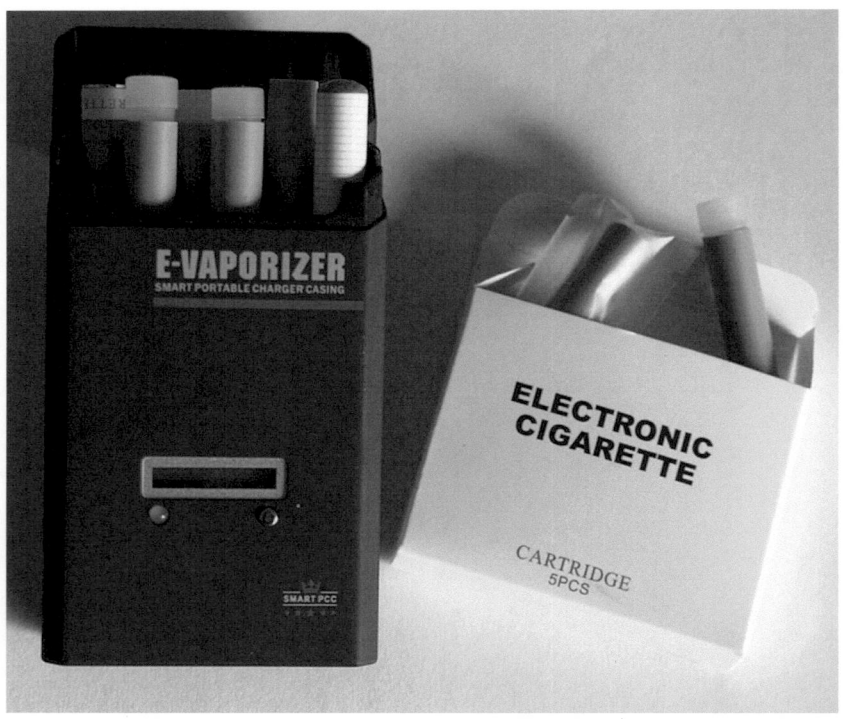

Danach muss Ihr Etui wieder an die Steckdose. Das Etui hat neben der Ladestelle Platz für eine geladene E-Zigarette, mit Depot, und weitere vier Depot-Plätze, in denen auch Ersatzzerstäuber (Verdampfer) mit gefülltem Depot Platz finden.

Das Etui sieht edel aus und hat das Format einer kleinen Schachtel Tabak-Zigaretten. Es passt also in jede Hemd-, Hosen- und Jackentasche. Ein eigenes kleines E-Zigaretten-Kraftwerk.

Da Sie sowieso erst auf das Bild schauen werden, zumindest haben das alle Testpersonen getan, vorab die Erklärung: Das Original-Liquid (mit Nikotin), befindet sich in dem mittleren Fläschchen. Damit kann man auch sehr leicht die Depots füllen oder nachfüllen.

Links sehen Sie ein Heilpflanzenöl von Abtei (10ml), rechts ein Minzöl von Schlecker (30ml). Beide sind zum inhalieren geeignet. Alles was zum Inhalieren geeignet ist und möglichst die Konsistenz von Öl mitbringt, ist **in der Regel** auch für die Depots Ihrer E-Zigarette geeignet. Hinterfragen Sie das bei Ihrem Arzt oder Apotheker.

Das Minzöl von Schlecker ist preislich praktisch unschlagbar. Das große Dreißig-Milliliter-Fläschchen hat uns gerade 1,99 Euro gekostet. Wer Probleme mit den Atemwegen hat, der kann mit so einem Fläschchen bei täglich bis zu fünfzig E-Zigaretten länger als einen Monat zurechtkommen, sagt Willy.

Einer unserer Tester, der das für uns probiert, hat das Fläschchen nach sechs Wochen noch nicht aufgebraucht.

Husten findet seither bei ihm auch bei einer schulmedizinisch erkannten „Erkältung" nicht mehr statt. Die Atemwege sind frei. Also ist die E-Zigarette auch für rein medizinische Zwecke bestens geeignet.

Nach der „Erkältung" hat er sich so sehr an das Minzöl gewöhnt, dass er es seither mit einem Tropfen Nikotin-Liquid (Medium) „aufpeppt", und (Zitat) „die beste frische Zigarette seit Marlboro-Menthol" hat.

Wirtschaftlich ist das auch. Bei etwa fünfzig Tageszigaretten (vier Depotfüllungen) kostet ihn diese Mischung (Zitat) „knapp zehn Euro im Monat".

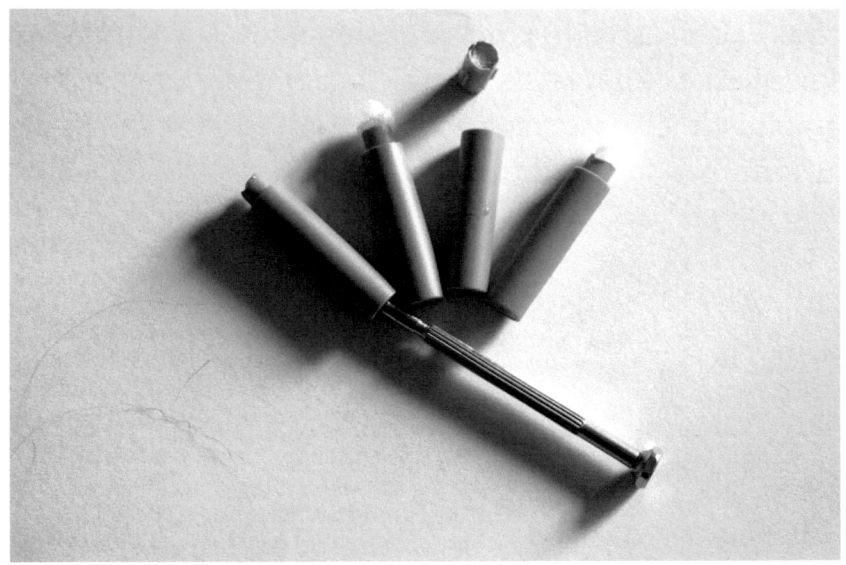

Er war es auch, der uns alle mit einem „Uhrmacher-Schraubenzieher" ausgestattet hat. Mit dem kann man den Liquidträger aus dem Depot herausschieben und kinderleicht nachfüllen.

Das geht nicht nur einfacher, als mit den ansonsten häufig vorgeschlagenen Hilfsmitteln (Büroklammer oder Spritze). Es sieht auch unverfänglicher und professioneller aus. Darüber hinaus hat er diese Schraubendreher aus den Fünfzig-Cent-Kramkisten im Baumarkt mitgebracht. Also auch keine unbezahlbare

Investition. Und der erfolgreiche Umgang mit dem Schraubendreher setzt keinerlei besondere Hand- und Heimwerkerqualitäten voraus.

Das kann sogar jemand mit einer ausgeprägten Heimwerker-Phobie sofort. Egal wie ungeschickt jemand ist, es passt halt nur die dünne Spitze durch die Luftöffnung des Depotträgers.

Wichtig:
Verdampfen und Inhalieren
Sie grundsätzlich nichts,
was nicht ausdrücklich zugelassen ist.
Fragen Sie stets bei Zweifeln Ihren Arzt
oder Apotheker.

*In diesem Buch beschriebene Experimente
mit Minzölen, Aromen etc.
sind Experimente, keine Empfehlungen.*

Neugier kann Ihre Gesundheit gefährden.
Christopher Ray

-Notizen-

Mehr braucht es nicht

- Noch ein paar Experimente

In den USA würden wir spätestens jetzt alles wiederholen. Etwa drei bis fünfmal. Nicht um dem Buch eine respektable Seitenzahl zu gönnen, sondern, weil sich wegen der Migrationsvielfalt das Wiederholen von möglichst allgemeinverständlichen Sachinformationen in den Staaten praktisch *eingebürgert* hat.

In Deutschland ist das (noch) nicht üblich. Dicke Sachbücher sind eher ein Zeichen dafür, dass der Autor in der Sache unsicher ist. Wir sind uns unserer Sachkenntnis sicher. Das betone ich mit aller *angemessenen* Arroganz.

Was Sie jetzt erhalten, sind noch ein paar Extras, die für den Umstieg absolut nicht notwendig sind – aber doch Spaß machen können.

Unser Hausmeister Willy (arschkriecher.de) ist immer für Experimente gut. „Nur Rauchen ist langweilig", meint Willy. Er ist zufällig in der Küche seiner Ehefrau (Lisbeth) auf ein paar Backaromen gestoßen, die ihn zum Experimentieren verleitet haben.

Nach seiner positiven Erfahrung mit diversen Heilpflanzenölen, hat er sich auf die Aromen Vanille, Rum und Zitrone gestürzt. Mit ein bis drei Tropfen hat er seine Zehn-Milliliter-Nikotin-Fläschchen *getunt*.

Nach dem Abschluss seines Tests hat Willy mich mit einigen selbst-gefüllten Depots beglückt. Jeweils einen Tag habe ich mich auf eine Aroma-Richtung beschränkt. Zitrone hat dabei meinen Geschmack am wenigsten getroffen. Aber es war interessant.

Butter-Vanille hat den stärksten Eigengeschmack. Wer es etwas süßlich mag, wird hier seine Freude am Experimentieren haben. Die Aromen kosten im Discounter gerade ein paar Cent. Gesundheitliche Aspekte habe ich **nicht** (!!!) nachhaltig geprüft.

Ein befreundeter Lebensmittelchemiker war allerdings der Ansicht: „Wenn die Aromen als Lebensmittelzusätze zugelassen sind, zumal beim Backen, dann ist es unwahrscheinlich, dass sie beim Verdampfen schädlich oder schädlicher sein sollten."

Also: Garantie gibt es keine. Fragen Sie gegebenenfalls Ihren Arzt, Apotheker oder Lebensmittelchemiker, bevor Sie experimentieren. Ich bin übrigens ein Fan des Rumaromas geworden. Nein.

Es ist kein Alkohol im Rum-Aroma enthalten. Aber der Geschmack…

Nochmal zurück zum Apotheker. Wenn Sie den schon fragen, dann kann der Ihnen sicher einige Aromen und Öle anbieten, die direkt zum Inhalieren gedacht sind. Ob Sie sich dann für diese entscheiden ist wohl eher eine Frage des Geldbeutels, als der Gesundheit.
Meint Willy…

„Auf der *dunklen Seite der Macht* hat die E-Zigarette ebenfalls ihren Platz gefunden", sagte mir ein Richter aus Hessen. „Immer mehr Haschischkonsumenten ziehen sich statt eines Joints das hochwertigere Haschisch-Öl per Verdampfer rein. Ist natürlich genauso illegal wie der einfache Joint", sagt der Richter. ..

Nein, das ist natürlich kein Tipp. Aber ein Beispiel dafür, dass wir uns tatsächlich umfassend und ausführlich mit dem Thema Dampfen statt Rauchen befasst und auseinandergesetzt haben. Mit diesem kleinen Handbuch für „Dampfer" sind Sie also bestens bedient. Mehr Information bedarf es nicht. Jetzt liegt es nur noch an Ihnen, ob Sie den Umstieg durchziehen.

-Notizen-

Vom Raucher-Salon

zum Dampfer-Salon

Um die Raucher-Salons der vergangenen Jahrhunderte ranken sich Legenden und Gerüchte. Es gibt noch heute Verschwörungstheoretiker, die in solchen Salons die Treffpunkte der *wirklichen Weltherrscher* vermuten.

Da es sich bei den Raucher-Salons um reine Männertreffpunkte gehandelt haben soll, ist das mehr als unwahrscheinlich. Legenden eben.

Oder halten Sie es tatsächlich für glaubhaft, dass die wirklich wichtigen Entscheidungen auf dieser Welt von Männern getroffen werden?

Wenn ja, dann gibt es ganz sicher andere Dinge, die Sie sich abgewöhnen sollten. Das Rauchen hat da keine Priorität. Es sei denn, was Sie bisher geraucht haben, war nicht vorwiegend Tabak. Versuchen Sie es beim Abgewöhnen mit irgendetwas, das Ihnen derzeit noch den klaren Blick auf die Realität verstellt.

Im Dampfer-Salon versuchen wir es mit einer revolutionären Regelung. Männer und Frauen sind gleichberechtigt. Und das ist sicher für uns Männer ein Fortschritt. Es ist die Chance, dass wir wahr- und ernstgenommen werden.

Sie glauben mir immer noch nicht? Dann passen Sie jetzt ein paar Minuten gut auf. Die Realität lässt sich (in Deutschland) nicht verleugnen.

Unser Bundeskanzler ist eine Frau. Das können Sie nicht bestreiten. Selbst wenn Angela Merkel Ihrem ganz individuellen Frauenbild nicht entsprechen sollte. Wenn Sie jetzt (August 2010) die Website der Bundesregierung aufrufen, dann finden Sie weitere Frauen, die dort Ministerposten einnehmen.

Die wichtigste Pressemitteilung des DGB (Deutscher-Gewerkschafts-Bund) in diesem Jahr kam von einer Frau. Aber lesen Sie selbst:

Annelie Buntenbach - DGB-Vorstandsmitglied
Zum Thema Arbeitslosigkeit und Gesundheit

„Arbeitslos zu werden, ist für viele Menschen ein Schicksalsschlag. Und je länger die Arbeitslosigkeit dauert und je geringer die Perspektiven auf einen Wiedereinstieg sind, desto belastender wird die Situation für die Betroffenen und ihre Familien.

Belegt durch wissenschaftliche Studien wissen wir, dass Arbeitslosigkeit ein Gesundheitsrisiko ist und Spuren hinterlässt, körperlich wie seelisch! Arbeitslose tragen sogar eine größere Krankheitsbelastung als Erwerbstätige.

In dieser Situation dürfen wir die Betroffenen nicht allein lassen. Die gesundheitsschädigenden Folgen von Arbeitslosigkeit müssen soweit irgend möglich abgefangen werden, hier brauchen wir geeignete Maßnahmen zur Vorbeugung. Dafür müssen alle Beteiligten - in der Arbeitsvermittlung, den Krankenversicherungen und der regionalen Gesundheitsversorgung - vernetzt zusammenarbeiten und neue Wege beschreiten.

Prävention und gesundheitliche Stabilisierung von betroffenen Arbeitslosen stehen an erster Stelle und sind unerlässlich. Aber der Weg aus der Krankheit kann für viele Betroffene nur dann beschritten werden, wenn ihnen eine berufliche Perspektive aufgezeigt wird, die sie wieder in Beschäftigung führt. Sie brauchen eine gute berufliche Rehabilitation und Weiterbildungsmaßnahmen, die ihnen genau dies bieten: Eine Chance auf nachhaltige Integrationen in den Arbeitsmarkt.

Die Qualität der Arbeit muss bei der Vermittlung eine Rolle spielen. Unsichere Beschäftigung im Niedriglohnsektor oder Ein-Euro-Jobs sind keine

Alternativen und verschleißen die Betroffenen genauso, wie dauerhafte Arbeitslosigkeit.

Menschen ohne Erwerbstätigkeit dürfen durch die Gesellschaft nicht stigmatisiert werden. In Zeiten von jahrzehntelanger Massenarbeitslosigkeit darf Arbeitslosigkeit nicht länger als individuell verschuldet wahrgenommen werden - es fehlen einfach Arbeitsplätze."
Zitat Ende

Natürlich ist das ein Thema für die Dampfer-Salons. Zumal es auf diese Erkenntnis des DGB eine wichtige Ergänzung gibt, die eine Lösung dieses Problems bietet: Das Bedingungslose Grundeinkommen!

Wie? Sie wollen nur aufhören zu rauchen? Was soll das für einen Sinn haben, wenn Sie nicht gleichzeitig anfangen zu denken? Insbesondere, wenn der vermeintliche gesundheitliche Aspekt Sie leitet. Der DGB-Beitrag zeigt deutlich, dass es sich nicht lohnt, wenn wir nicht auch die Umfeldbedingungen ändern.

Also ab in den Dampfer-Salon und die Welt wieder lebenswert und lebensfähig machen. Geben wir den Verschwörungstheoretikern einen Grund, uns für verdächtig zu halten.

Ganz nebenbei: Es war eine Frau, Susanne Wiest, die eine Petition zum Bedingungslosen Grundeinkommen eingereicht hat. Übers Internet. Zumindest muss der Bundestag sich nun damit auseinandersetzen.

Kein Grund, das nun schleifen zu lassen. Sicher wird es bei unseren Politikern eher Meidbewegungen geben, wenn sie sich überhaupt bewegen sollten. Solange man an den Fäden der Lobbyisten hängt, ist Bewegung bekanntlich meist fremdbestimmt.

Fortschritt muss immer irgendwo her kommen. Er passiert nicht einfach. Wir können ihn auf den Weg bringen. Also ab in den Dampfer-Salon. Denn im Dampfer-Salon ist Raum für Freidenker und Fortschritt.

Bevor Sie fragen: Dampfer-Salons sind immer da, wo Sie sich mit anderen Menschen treffen. Wenn Sie Dampfer sind, dann machen Sie automatisch Dampf, wo immer Sie auftreten. Jedem. Nicht-Rauchen alleine genügt Ihnen nämlich nicht...

-Notiz-

Keine Panik

- Auf dem besten Weg

Fakt ist, Sie befinden sich auf dem besten Weg aus dem alltäglichen Kreislauf, der Hamsterrolle. Nur echte Raucher können nachempfinden, welch große Veränderung Sie jetzt vornehmen.

Deshalb habe ich diesen fiktiven Dampfer-Salon hier für Sie eingerichtet. Wer sich selbst vom Tabak befreien kann, der hat noch viel mehr Möglichkeiten. Das soll Ihnen in dieser frühen Phase bewusst werden.

Niemand verlangt, dass Sie von Ihren Möglichkeiten nachhaltig Gebrauch machen. Aber sehen sollen Sie sie schon. Dann können Sie entscheiden.

Also keine Panik. Sie müssen nicht, aber Sie können. Das ist die Botschaft. Sie sind auf dem besten Weg, wenn Sie mir bis hierher gefolgt sind. Jetzt entscheiden Sie selbst, wie es weitergehen soll. Es sei denn, Sie sind Mann und verheiratet...

...dann fragen Sie natürlich Ihre Frau.

Es geht auch leichter

- …und teurer

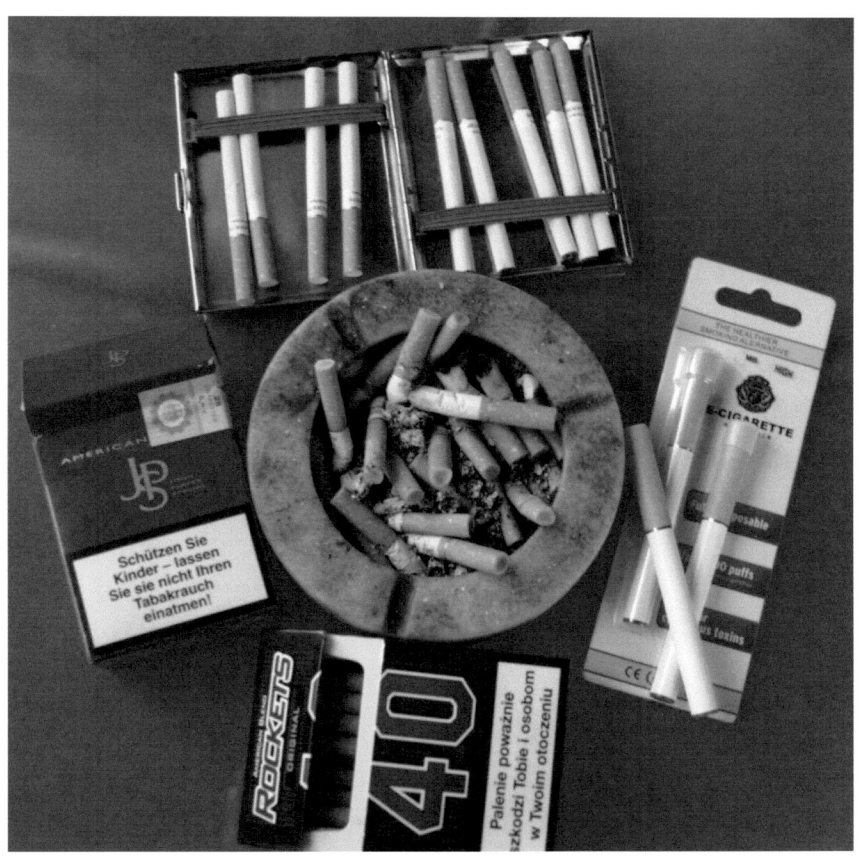

Wenn Sie mehr Geld als Geduld haben und ganz sicher gehen wollen, nicht *umzufallen*, dann sehen Sie auf diesem Bild Ihre ganz persönliche Lösung.

Blicken Sie nach RECHTS, seit Sarrazin soll das ja angeblich jeder Zweite (Deutsche) tun. In unserem Fall ist die Position unpolitisch und damit gerechtfertigt.

Neben dem gut benutzten Aschenbecher sehen Sie auf der rechten Seite drei fast normal aussehende Zigaretten. Tatsächlich handelt es sich um einmal für rund dreihundert Züge (ca. dreißig Zigaretten) nutzbare Exemplare der E-Zigarette. Die werden einzeln verpackt verkauft.

In der Praxis kann man diese E-One-Einmalzigarette mit dem Luxus eines Päckchens Zigaretten gegenüber Tabak und Blättchen zum Selberdrehen vergleichen. Hier können und müssen Sie kein Depot wechseln oder auffüllen. Können und müssen keinen Akku nachladen oder Zerstäuber auswechseln.

Die E-One wird aus der Verpackung geholt, die Abdeckung auf dem Mundstück abgezogen, und dann einfach „gedampft". Funktioniert immer und überall. Kostet natürlich auch deutlich mehr als die aufladbare und nachfüllbare Version. Und wenn das finale Blinken an der Spitze Ihrer E-One-Zigarette einsetzt, dann ist das Depot leer, gut dreihundert Züge sind gedampft und das Teil kann entsorgt werden.

Jetzt können Sie sehr sicher sein, dass Ihnen der Umstieg auf die E-Zigarette nahtlos gelingen wird. Und die rund zwanzig Euro für ein Starterpaket mit drei Einmal-E-Zigaretten (ca. neunzig Tabakzigaretten) lohnen sich da schon. Zumal die Tabak-Zigaretten auch nicht billiger sind, noch immer stinken und sicher bald noch teurer werden, wenn die Tiger-Enten-Koalition ihre Steuerpläne verwirklichen wird.

Wer die Laufzeit der Atomkraftwerke um zwölf Jahre verlängern will, der wird vor einer deutlichen Anhebung der Tabaksteuer kaum zurückschrecken. Aber das gehört eigentlich in unseren Dampf-Salon. Vorausgesetzt, Sie wollen aktiv an Ihrer Umwelt teilhaben und teilnehmen und nicht nur das Verbrennen von Tabak einstellen.

-Notiz-

Willkommen

im Dampfer-Salon

Schon wieder Sie

● ...im Dampfer-Salon

Naja, es bleibt Ihnen als Neu-Dampfer auch kaum etwas anderes übrig. Doch. Sie können das Buch jetzt zuschlagen, weglegen und das Angebot des Dampfer-Salons einfach ignorieren.

Was Sie über den Umstieg vom Rauchen zum Dampfen wissen müssen, wissen Sie jetzt. Die Wahl, ob Sie mit der E-One einsteigen oder selbst Ihre E-Zigarette konfigurieren werden, kann Ihnen sowieso keiner abnehmen.

Noch immer neugierig, was aktuell in den Salons „Sache" ist? Gut, dann lasse ich Sie (vorerst als Gast) an unseren Tischen Platz nehmen. Willkommen.

Die meisten Gespräche drehen sich um das Leben. Und zwar um das „Bessere". Nicht nur für uns persönlich. Denn wenn das Umfeld nicht stimmt, dann sind auch der persönliche momentane Vorteil und die Zufriedenheit in permanenter Gefahr.

Das beginnt schon da, wo ich vom Verkauf meiner Waren, Dienstleistungen oder Ideen abhängig bin. Denn wo kein Kapital vorhanden ist, kann es keinen Umsatz geben, der uns ein dauerhaftes Einkommen sichert. Das sollte selbst dem größten Noob einleuchten. Und das Ausmaß der aktuellen Bedrohung wird uns spätestens dann klar, wenn wir uns die Kunden der Arbeitsämter und ARGEN ansehen.

Das sind keine ungelernten Versager, deren Lebensmittelpunkt die nächste Pulle Bier ist, wie man uns gerne erzählen will. Tatsächlich finden wir mehr als siebzig Prozent bestens ausgebildete Mitmenschen. Alle Berufe und sämtliche akademischen Grade sind da vertreten. Und in den Statistiken des Bundes und der Länder ist das amtlich festgehalten. Man muss es nur nachlesen, statt sich in Vorurteilen zu suhlen.

Und wer mit offenen Augen durch das Leben geht, der wird ganz schnell feststellen, dass die üblichen 359 Euro (Hartz-IV) nicht zum Erwerb einer sozialen Hängematte ausreichen. Noch wichtiger ist, dass diese Menschen als Konsumenten ausfallen. Denn mit 359 Euro kann man keine großen Sprünge machen. Sogar bei der Ernährung muss man zurückstecken.

Sie wissen, worum es hier im Salon geht? Sicher nicht um die idiotische These, alle Arbeitslosen in die Zwangsarbeit zu schicken. Möglichst mit Ein-Euro-Jobs. Oder alternativ, bei Weigerung, die Bezüge zu kürzen oder zu streichen. Denn das gefährdet die Lohnstruktur der vorhandenen Arbeitsplätze. Ihren Job!

Es geht darum, dass fehlende Kaufkraft in der Fläche immer dazu führt, dass Löhne und Gehälter mangels Umsatz fallen werden. Auch werden das Handwerk und der örtliche Einzelhandel immer weniger Umsätze generieren, Jobs abbauen oder das Geschäft schließen müssen.

Nicht Arbeitsplätze bringen Wohlstand und Geld, sondern Geld schafft Arbeitsplätze und Wohlstand. Wenn wir Menschen fördern, mit einem Bedingungslosen Grundeinkommen, dann fördern wir die Kaufkraft in der Fläche, Unternehmen und Arbeitsplätze.

So, zum tief Durchatmen empfehle ich meinen Salon-Besuchern jetzt, den Depots einen Tropfen Japanisches Minzöl beizufügen. Das schmeckt frisch, macht die Atemwege frei und den Kopf klar.

Sie werden sich nie (oder nie wieder) auf das dumme Geschwätz von der sozialen Hängematte einlassen. Denn Sie haben nun erkannt, dass ein Bedingungsloses Grundeinkommen die Freiheit und den Wohlstand aller ermöglicht und bewirkt.

Willy meint: „BGE kennen wir doch alle. In der kleinen Sozialeinheit Familie ist das schon immer üblich. Da nennt man es Taschengeld. Gibt es, weil wir zur Familie gehören. Bei mir war das früher eine Mark in der Woche. Mit der konnte ich machen, was ich wollte."

Und jetzt geht Ihnen mit dem nächsten Zug ein Licht auf. Auch Sie haben Ihr Familien-BGE bekommen. Und wenn das Taschengeld (BGE) mal nicht gelangt hat, dann haben Sie sich einfach etwas dazuverdient. Zeitungen oder Prospekte ausgetragen. Zum Beispiel. Vor Hartz IV waren das noch die Nebenerwerbsquellen der Kinder und Jugendlichen. Denken Sie mal darüber nach, was ein BGE von Vater Staat bedeuten wird.

Ein paar weitere typische Salon-Themen können Sie in den Büchern unserer Faktor-L Reihe kennenlernen. Es sei denn, mit der Beendigung Ihrer Karriere als Tabakraucher sind Sie so zufrieden, dass Ihnen der Rest der Welt den Buckel runterrutschen kann.

Sie sind am Zug!

FAKTuell -Verlag

Wir machen´s einfach!

Band 1

**faktor-L * Neue Medizin
Die Wahrheit über Dr. Hamers Entdeckung
Krebs und andere heilbare Krankheiten**
Monika Berger-Lenz & Christopher Ray
Books on Demand * ISBN-13: 978-3980920391

***

Band 2

**faktor-L * Handbuch Neue Medizin
Die Wahrheit über Dr. Hamers Entdeckung:
Konflikte - Auslöser - Verlauf
bei Krebs und anderen heilbaren Krankheiten**
Monika Berger-Lenz & Christopher Ray
Books on Demand * ISBN-13: 978-3980920384

**

Band 3

**faktor-L * Neue Medizin 3 * Das Methoden ABC
Therapie und Praxis
bei Krebs und allen anderen heilbaren Krankheiten**
Monika Berger-Lenz & Christopher Ray
Books on Demand * ISBN-13: 978-3837001815

***

**factor-L Handbook of the New Medicine
The Truth about Dr. Hamer's Discoveries:
Conflicts-Triggers-Courses
regarding cancer and other curable diseases**
Monika Berger-Lenz & Christopher Ray
Books on Demand * ISBN-13: 978-3980920360

FAKTuell -Verlag
Wir machen´s einfach!

Katzen ...was sonst: Leben mit Stubentigern
Monika Berger-Lenz & Christopher Ray (Hrsg.)
Books on Demand * ISBN-13: 978-3837018608

***

HIV - AIDS und die Virenlüge
Ein Esstischgespräch mit Dr. Stefan Lanka und K. Krafeld
Monika Berger-Lenz & Christopher Ray
Books on Demand * ISBN-13: 978-3837057300

***

faktor-L * Neue Medizin 7 * Das Selbst und das Ich - Spurensuche
Ein Esstischgespräch mit Irene Behrmann zur Regressionstherapie
Monika Berger-Lenz & Christopher Ray
Books on Demand * ISBN-13: 978-3837091540

***

faktor-L * Neue Medizin 8 * 100 Tage Herzinfarkt
oder: Alles mein Revier
Monika Berger-Lenz & Christopher Ray
Books on Demand * ISBN-13: 978-3839116036

***

Wir haben das Hungern satt
Leichter leichter mit dem LowCarb-ABC
Monika Berger-Lenz & Christopher Ray
Books on Demand * ISBN-13: 978-3980920346

***

Wir haben das Fettsein dicke!
Die Wahrheit über ketogene Ernährung,
Atkins-Diät, Low-Carb und Ketarier
Monika Berger-Lenz & Christopher Ray
Books on Demand * ISBN-13: 978-3980920315

FAKTuell -Verlag
Wir machen´s einfach!

**Das Bedingungslose Grundeinkommen
eine Chance zum Leben?
Ein Projekt in Namibia und Aspekte der
möglichen Übertragbarkeit auf die Bundesrepublik Deutschland**
Monika Lenz & Christopher Ray
Books on Demand * ISBN-13: 978-3839171790

***

**Bedingungsloses Grundeinkommen
Jobs on Demand
oder:
Taschengeld statt Hamsterrolle**
Monika Berger-Lenz & Christopher Ray
Books on Demand * ISBN-13: 978-3839161654

***

Weitere Bücher sind in Vorbereitung.

***

Noch ein Tipp für die neuen Dampfer:
Aufmerksames Lesen lohnt sich – bis zur letzten Seite.
Wer sich die E-One Einmalzigarette leistet,
der kann sich noch 10 bis 35 Extrazüge erhoffen,
wenn er die E-One nach dem der Akku leer ist
ein paar Tage liegen lässt.
Der Akku regeneriert sich meist in dem
Umfang, dass praktisch nochmals das Volumen
von bis zu drei Tabakzigaretten abrufbar ist.

FAKTuell -Verlag
Wir machen´s einfach!

InfoTipp:

www.faktor-L.de
Das Forum zur Neuen Medizin

www.ketario.de
Das Forum zur ketogenen Ernährung

www.FAKTuell.de
Deutschlands erste Onlinezeitung

***

FAKTuell-Redaktion
Monika Lenz
An den Birken 5
02827 Görlitz
*
Phone: +49 03581-40224-0
Mail: Fakt@FAKTuell.de

FAKTuell -Verlag
Wir machen´s einfach!